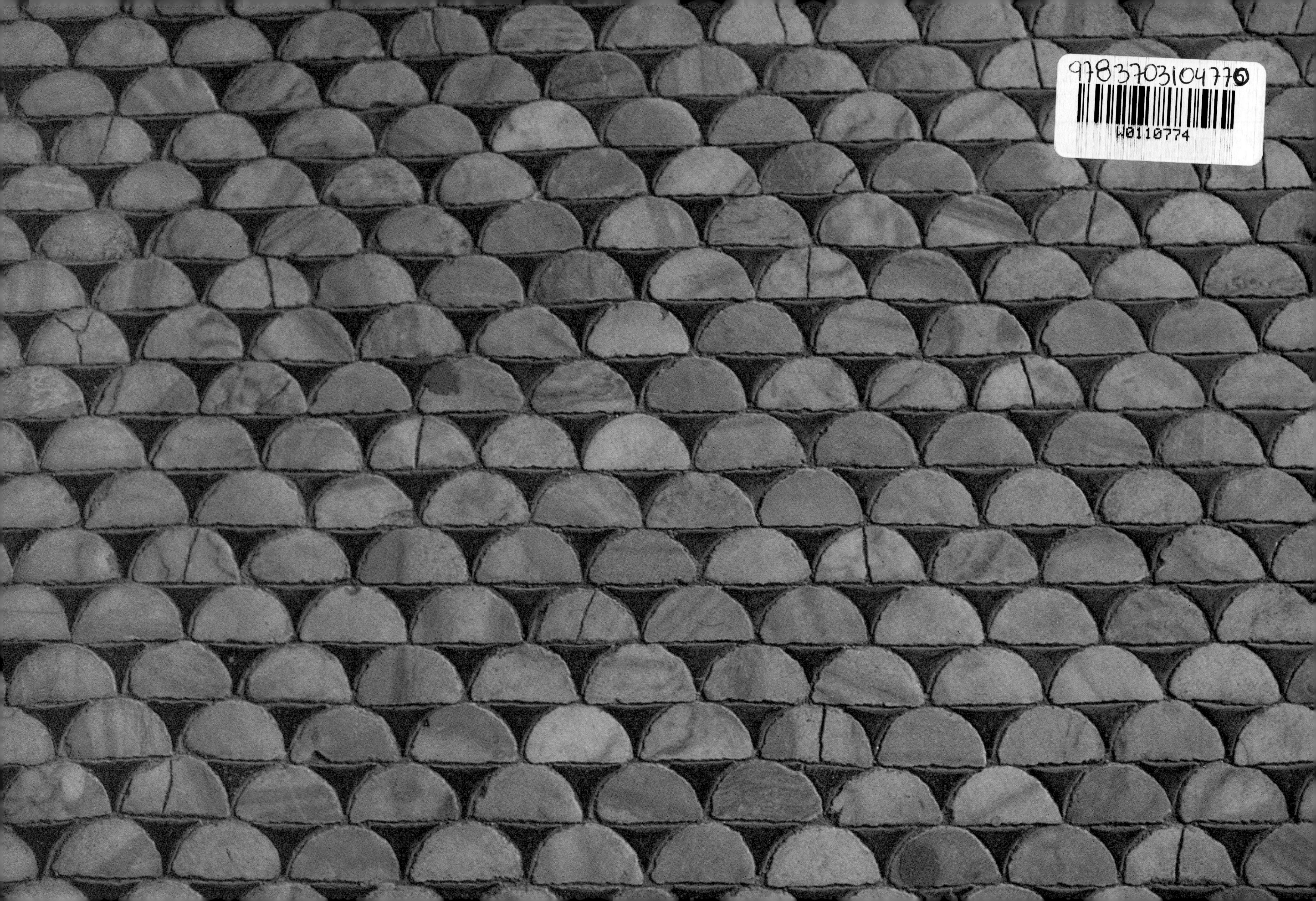

9783703104770
W0110774

Deutsche Ausgabe: Verlag Anton Schroll & Co., Wien
Titel der italienischen Originalausgabe:
essere venezia

Printed in Italy
ISBN: 3-7031-0477-5

traumhaftes venedig

traumhaft

von fulvio roiter

mit einem text von andrea zanzotto

es venedig

verlag anton schroll & co · wien und münchen

venedig - eine möglichkeit

Nur wem es gegeben ist, sich von Dingen und Orten im steten Wechsel lösen zu können und mit dem Gewohnten zu brechen, vermag vielleicht in diese Stadt einzudringen.
Vielleicht muß man, um sie richtig zu erfassen, in die Vergangenheit zurückkehren und wie in alten Zeiten mit dem leise dahingleitenden Boot durch Kanäle, Sümpfe und Schilf heranrudern, eine Weite entdecken, die keine Grenzen kennt, verschwimmende Konturen wahrnehmen, die sich auf der Wasserfläche spiegeln, zittern, und in einem wunderbaren Chaos vergehen, um dann wieder Form anzunehmen.
Man muß, um dies alles zu begreifen, die Kuppeln, Paläste und Häuser aus dem Nichts aufsteigen sehen, durch Treibsand und wucherndes Wiesenkraut waten oder – fast so, wie es dem Carlino im Roman des großen venezianischen Schriftstellers Ippolit Nievo erging, – einfach sich der Unendlichkeit ergeben. Nur in diesem

Geiste, wie schwebend oder schwimmend, von Portogruaro nach Süden ziehend, finden wir Zugang zu jenem ungeahnten Wachsen von erstaunlicher Realität im festen Griff des Irrealen.

Manchmal trennen sich dichtbewachsene Wiesenschollen von den Ufern und schwimmen als kleine, wiegende Inseln davon. Manchmal erwacht jemand auf dem Wasser und treibt dahin, zwischen Schilf und Rohrgras liegend, obwohl er auf festem Boden eingeschlafen war. Auf einem solchen Floß, älter und sagenhafter als das des Odysseus, könnte man es wagen, sich der Stadt zu nähern. Denn um an sie heranzukommen, muß jeder Gedanke an sie «anders» sein. Dann kann man in der Gegenwart vorübergehend Anker werfen. Es wird ein unsicheres Ankern sein, ein wahrhaftiges, aber voller Tücke: eine überzuckerte Wahrheit, genährt von Halluzinogenen, die unsere Seele in tausend Divergenzen zersprengen, eine Wahrheit, die dennoch mit tausend Gebärden der Erde und des Meeres in einen herben und geschäftigen Alltag hineingreift. Aber nur mit Hilfe einer glühenden Phantasie kann die Wirklichkeit, Atemzug um Atemzug, bezwungen werden.

Oder, will man sich noch mehr dem Flüchtig-Ewigen nähern, das in diesem Gebiet geistert, so muß man zuerst – vor Erde und Welle – mit dem unterirdischen Fels und dem glühenden Gestein der Tiefen in Berührung kommen, von denen jene getragen werden. Wir stehen am Rande des Mittelmeeres und der Adria, die sich zergliedert und mählich ansteigt, ein trüber Trog trägen Wassers, wo der schimmernde Perlmutt in den unheimlich schillernden Pfützen der Industrieabwässer verschwimmt. Diese im ganzen ruhige, nie von stürmischen Winden – die schlimmstenfalls durch sanft-kalte Beharrlichkeit stören oder durch warme Schwermut aus dem Süden bedrücken – bestrichene Meeresecke muß man sich samt einer kleinen Scholle Erde rundherum an den Rand des großen periadriatischen Grabenbruchs angeklammert denken, der hier irgendwo die Erdkruste zerteilt. Diese in riesigen sich scheuernden Schollen seit Jahrmillionen dahindriftende Erdkruste ist hier noch mehr zerschunden als anderswo. Man steht am Rande einer kleinen Scholle, die immer wieder ihre Unruhe spüren läßt und dumpf die Berge und Hügel im Hinterland der Stadt erschüttert. Auch die Stadt spürt die Erschütterungen: Da sie aber elastisch auf Schlamm und Schlickboden schaukelt, droht ihr keine echte Gefahr.

Sich in dieser Weise durch die unterirdischen Tiefen nähern, durch die verdrängten, fernsten und doch irgendwie gegenwärtigen Tiefen, und den Kelch «spüren», der das stille Wasser umschließt und seine Stadt am feingearbeiteten Rand: auch das kann eine Art sein unter den vielen, die uns ein Erahnen ermöglichen, die aber immer zurückfluten wie die kleinen Wellen am Ufer oder wie der unwandelbare Strom der Gezeiten. Flüchtige Einsichten, die eine kleine Weile stillestehen und uns innehalten lassen, glockenwahr in diesem Augenblick, sie werden bald überrollt und vielleicht später wieder aufgenommen, einem Faden gleich. Oder aber die Stadt selbst könnte ein grasüberwuchertes Floß sein: Es ist lange umhergezogen und hat den Widerhall von Morgen- und Abendland vernommen, von manch versunkenem Atlantis, die Gaukelbilder der verschiedensten Gefilde und Truggefilde, ein Floß, das sich hier verfangen hat mit Tauen aus glänzenden Spinnweben, an diesem Punkt der Küste weich umsponnen wurde, aber viele Schlupflöcher, Fenster und Öffnungen besitzt.

Die Andersartigkeit, der «Orient» Venedigs, war also Byzanz,

Persien, die Arabia Felix, China. Und die ganze Stadt, in ihrem Wachsen und Werden durch die Zeiten, in ihrem Beharren, irgendwie außerhalb der Grenzen der Zeit, aber immer in Fluß, hat die Zeiten bewahrt, die ihr verhaftet und eingeprägt waren: Kostbarkeiten und Rostfraß, leuchtender Schein und Abschaum, Gestank, der in Wohlgeruch übergeht – ein absurder Ort im Heute. Ein sanftes, nicht-gewaltsames Absurdum, zweifelhafter Gegensatz zum einbrechenden Leben, und dennoch fähig, jenes andere Absurdum zu zerspalten, das stumpf und bleiern mit unwiderruflich verneinendem Gewicht die heutige Wirklichkeit zu erfüllen scheint.

Es scheint also, daß Venedig (um es zu «bezeichnen» bräuchte man die vielen Namen, die es in den verschiedenen Sprachen hat, vor allem in seiner eigenen, örtlich gebundenen) vor und jenseits aller Geschichte oder aller anthropologischen und soziologischen Einteilung entstand, daß seine Geburtszeiten sich tausendfach in einer «teleskopischen» Zeit wiederholten, einer Art verkehrtem Fernrohr. Aber es gibt doch einen Ausgangspunkt. Es gibt Vögel, die mehr als andere die Gabe des Schnäbelns besitzen, die überall geeignete Halme für ein paradiesisches Nest finden, buntgesprenkelte Wohnstätten, um die Geliebte heranzulocken. Man möchte diese Gabe der Möwe zuschreiben, deren Flug eine besondere Bedeutung schafft, zweifellos über Instinkt und Bedürfnis hinausgehend: er spinnt und webt über jeder Flut wie ein großartiges Flechtwerk, das eine Verbindung zwischen Wasser und Himmel schafft, oder wie eine Leuchtschrift von Flügen, die sich wie ein Regen von Küssen ausbreitet, die die Vögel den Wassern darbieten, ehe sie sich auf ihnen wiegen. Man möchte eine Möwe mit einem Halm im Schnabel überraschen, eine Möwe, die diesen Halm in die Tiefen versenkt: die erste Vorstellung, die man von dieser Siedlung haben mag, ist eine Reihe von schwachen, schiefen Halmen, die aus der Ebene auftauchen. Es ist der schüchterne Hinweis auf etwas, das die ruhende oder fliehende Linie durchbricht, das zage Beharren auf einen Widerspruch, einen nicht sehr überzeugenden Widerspruch, zwischen Scherz und Zwang, auf der Schneide zwischen pflanzlich-tierischem Können und menschlichem Wollen. Dann erscheinen in Gruppen ähnliche Elemente, überall: verstreute Kerne sichtbaren Pfahlwerks am Anfang; Pfahlwerk, das dann verdeckt wird, um zur Grundlage und zum Thron des mächtigen Monuments zu werden, und doch in seiner Gestalt durchscheint. Überall erklingt das Motiv des Pfahls, oder, wenn man will, des Stengels, als Maß und Stütze, sicher trotz seiner unschuldigen und manchmal sogar lächerlichen Zerbrechlichkeit, und immer Hinweis auf eine Bewegung zum Dreieck. Es sind Wachen, teuer dem Menschen und lieb dem Wind und den Wellen, Anhaltspunkte für die verschiedenen Routen, nicht-befehlende Pfeile, deren Richtung auf immer unbestimmt bleibt, Angaben, die niemals enttäuschen. Gebündelte Pfähle, Bricole, zur Kennzeichnung trügerischer Untiefen, Schlangenlinien zur Sicherung von «Wegen mitten im Meer». Und dazwischen wird immer, in Staunen versunken, scheinbar still und doch nicht unbeweglich, ein kleines Boot sein wie jenes aus dem alten Lied: wichtiger als selbst der Bucintoro. Vom Halm zum kostbaren «Palagio» (der sich hartnäckig weigert, zum herrschenden «Palazzo» zu werden), vom Boot zur goldüberladenen Barke, beladen mit goldenen Ringen für Vermählungen mit dem Meer. Wunder einer Macht, die ihren Stolz darin sieht, vor allem eine Macht künstlerischer Wunder zu sein.

Beim allmählichen Vordringen durch diese äußere Zone zur «Wirklichkeit» der Stadt lauern die größten Gefahren. Zuallererst ist da die Ansammlung von Dingen, die äußerste, aber unterschiedliche Aufmerksamkeit erfordern und zu einer fiebernd vibrierenden Anspannung aller Sinne reizen, bis jedes Bestreben und jede Leidenschaft etwas wiederzugeben, eine Ursache zu suchen, aufhört. Nebenbei fühlt man sich wie in eine Postkartenromantik, in einen allgemein verehrten Kitsch hineingezwängt. Es ist der Augenblick, in dem nur die Flucht in die Verweigerung und fast in den Haß bleibt; auf jeden Fall zieht man sich auf ein Vielleicht zurück, auf diese typisch venezianische Brücke. Der Marktschrei des programmierten Wunders für die Touristen aller Altersstufen ist das Lotteriespiel, in das man sich begeben muß: leider mit einer gewissen Aussicht auf Verlust. Gleichwohl, heil durch die Abstufungen einer so natürlichen Bewunderung hindurchzugehen, daß sie notwendig und schließlich gedankenlos wird, ist nicht möglich und eigentlich auch nicht richtig. Aber unter diesen Bedingungen droht die Gefahr des Identitätsverlustes für den, der in Venedig eindringen will: Die Deutungen, die sich hier sammelten, die Zeichen und Sprüche, die zu diesem Unterfangen dienten, zum Lesen, Erlesen und Auslesen, die Verknüpfung und Verdichtung tausend subjektiver Auslegungen, die sich in Venedig fanden und trafen, all das erschwert das Erleben des wahren Venedig. Man ist von den Narzißmen einzelner, oft großer Männer umgeben – unauslöschbar wie Phosphorflammen – und von den matten Narzißmen der Massen und Mengen: wie kann ein gewöhnliches Ich, ein winziges Ich, ohne Ansprüche, jenen einen Stein von Venedig finden, den jener eine Blitz von Venedig erhellt, und der dem Ich dadurch den Weg zur Selbsterfahrung bahnt? Denn in seiner süßen und einschmeichelnden Überredung mit einer Kette von Schocks als Ergebnis der verschiedensten Elemente, einer Kette zugleich von Unterschlagungen, Zweifeln, Schweigen und «Unentschlossenheit» hat Venedig die Macht, jeden einzelnen auf einen Höhepunkt seines inneren Werdeganges zu führen, zu einem äußersten Punkt, der jedem seine Unersetzbarkeit vorführt. Deshalb auch die Notwendigkeit dieser seiner beiden Augen, will er Venedig sehen. Venedig ist nie satt an Blicken, es giert nach Blicken aus allen Richtungen. Massen von Blicken treffen und durchkreuzen es: Augen, wie sie Guidi zu malen verstanden hat, nichtssehender und gesehener golden-flüssiger Staub. Also muß jeder, ob er zu den «Einzelgängern» zählt oder eingereiht ist in die Touristenmaschinerie, in die Schar abenteuernder Weltenbummler oder in die Zunft der institutionalisierten Exzentriker, oder der Genies auf Suche nach Inspiration, oder schlimmer noch, wenn er einen poetischen Zitatenschatz mit sich schleppt, mit alledem, mit allen diesen ewigen Reisegefährten muß er aufräumen. Hinweg mit all den Großen und ihren Worten! Venedig verschweigen, um darin einzudringen.

Vom Dogenpalast mit seiner Mahnung an das Pfahlwerk bis zu allen gehauenen und doch zitternden Säulengestaltungen, die an die Tausende versenkter Pfähle erinnern (sodaß die gewaltigen Bauten unter Wasser in ihnen eher entdeckt als wiederholt werden), wächst die Forderung nach einer Pause, nach Nicht-Gesagtem, nach Verschwundenem, nach Weggeschnittenem, aus dem Gewirr der Stadt.

Und wenn jeder sich von der Schuld reingewaschen hat, die er in diesem Zentrum touristischer Entfremdung fühlt, und sich der Fließbandbewunderung entzogen hat, die weitaus zerfressender über allem lastet als der Taubenmist und der Smog von Marghera, dann mag jeder sein Totem erkennen, seine eigene Leere und Fülle, an seinen Ziegel oder Stein geraten, sich daran den Kopf blutig stoßen und ihn aufatmend erheben nach dem Zusammenprall mit einer Urkraft. Alle Seiten, und vor allem diese, werden vergessen und verschollen sein, stumm, töricht, unnütz, touristisch.

Der Zugang zu einer Welt von Kreuzpunkten, wie gesagt, und einer Welt von Knotenpunkten (man stelle sich alle Knotenpunkte der Seefahrt und der Topologie vor). Die «mise en abîme» eines Theater- und Bildvenedigs, gespickt mit Bildern, die es abbilden, unendliche Male, oder verstreut in unzählige Geschichten, Darstellungen, Schicksale, die jedoch über jene Knotenpunkte stets in sich selbst zurückkehren.
Es ist schwer zu gehen, herumzugehen, wenn das Angebot einer Szenographie ebenso jungfräulich wie verworfen ist, ebenso durchaus berechtigt wie, in den heutigen Augen, aufgebaut als ein Schaustück, in dem man eine besonders subtil wahnhafte Variante des hochdifferenzierten aristokratischen Universums darstellt. Es siegt die Jungfräulichkeit, diese metaphysische bestechende Verschwendung. Die Fassaden stehen stets unter Spannung wie unter der Hand eines übermächtigen Künstlers, der das fesselnde und krause Wollen und Streben der Tausende von namenlosen großen Meistern zusammenhält, die Tag für Tag durch die Jahrhunderte die Stadt mit ihrem Leben, Denken und Wirken formten in einträchtiger Einheit mit den wirklich großen Meistern, welche die Bauwerke schufen und den darin gehüteten Überschwang. Und von den Fassaden geht eine Anziehung aus, die ruhig und frei aufgenommen wird und einen großen salzigen Durst stillen kann. Von den Innenräumen hingegen, wo die unzähligen

Meisterwerke der Malerei, der Skulptur, jeder Kunstgattung (Welten ähnlich, die eigen sind und exklusiv-inklusiv auch in der Vervielfältigung Venedigs durch Venedig) eben «sind» und «hervordrohen», geht eine erstickende Übermacht aus, eine künstlerische Falle, Netze um Netze, Angeln um Angeln. Diese Macht zieht in die Schatten riesiger Walfischbäuche zur Teilnahme an der großen Bewegung der Jonas-Stadt: Gold, Marmor, Gestalten und Gesten, die darin gefangen sind, und auch wieder nicht, denn sie strahlen ihrerseits wieder Raum aus. Venedig hat daneben immer mit der erkannten oder nicht erkannten Findigkeit des technischen Kunstkniffs zu tun. Deswegen scheint es für den Film geeignet, für übelstes Schmierenkino wie für gewagtestes Experiment. In vieler Hinsicht hat es immer den Film, als zu ihm gehörig, «erwartet». Venedig ist vor allem geschichtete Oberfläche, es ist Film auf Film: Schein und Metapher des Wunsches zur Flucht vor sich selbst. So mußte Fellini, als er das eigentliche Venedig darstellen wollte, den «Hausverstand» ins Gegenteil umkehrend, die Stadt aufs Äußerste verfälschen, im Studio konstruieren, sie rücksichtslos zu einem Objekt aus Schaumstoff und Plastik gerinnen lassen, und so eben den Kunststoff, den am meisten amorphen und widerspenstigen, aus dem der Film besteht, zur Selbstzerstörung zwingen. Rundherum die Fetzen der verschiedenen Ansichten Venedigs in Eastman-color oder der Tand eines Venedig in «Helm und Schwert», oder andere Bilder bei ihrer Rolle im Totentanz, oder erstarrt in einer sogenannten «realistischen» Dokumentation.

Ebenso plötzlich bricht die Notwendigkeit herein, dem wirklichen Theater Bahn frei zu geben, sich bei Goldoni einzuhängen, der Thalia einen Platz für ihre Sprünge und Sprüche einzuräumen. Es gibt hier noch, nach der wahren Komödie (die seit langer Zeit von der Welt verschwunden ist), einen schwachen Widerhall davon, einen zaghaften Versuch, eine Version für Laien. Wie in den letzten Jahren auch die Mundart eingeschränkt und aufgeweicht wurde, fast eine gewollte Version für die Nicht-Venezianer. Versinkt sie in sich selbst wie man von der Stadt auch sagt? Schon im vorigen Jahrhundert klang die Mundart einigen versumpft und «verwässert». Und teils war sie es auch: aber diese Nachgiebigkeit der Sprache war noch in schwingendem Gleichgewicht wie der Spiegel der Lagune vergangener Zeiten, als er noch von wilden und klaren Flüssen gespeist wurde, gezähmt von den Wasserbehörden in geometrischen und weisen Strategien. Diese leichte, mundartliche Sprache blühte sowohl im sprühenden Klatsch als auch im edlen und zuchtvollen Gespräch (immer im Understatement, einem Zeichen von Klugheit, von Würze mit vollen Händen). Heute kann die Mundart, wohl auch wegen des allmählichen Schwundes des «l», das immer blasser wurde, bis zum gänzlichen Verschlucken, einen etwas zu gesungenen-gezogenen Tonfall annehmen, ihrer selbst müde scheinen, siech und stagnierend. Und dennoch entwickelt sie sich, vornehmlich in einigen Sestieri, in einigen Stadtvierteln, und bereichert sich weiter. Übrigens ist sie wie alle Mundarten den selben aushöhlenden Kräften ausgesetzt, die heute auch die großen Sprachen angreifen.

Wer durch die Stadt streift und sich vom etwas heruntergekommenen Wohlklang des Venezianischen einlullen läßt, der erhascht ein wenig vom Leben. Auch wenn das vielleicht nicht so überwältigend und in die Augen springend ist wie die Würmer, die manchmal die Lagune und die Kanäle überschwemmen. Im übrigen sind auch diese seltsamen Würmer eine Äußerung des Lebens, wenn auch eine Laune. Das soll nun keinesweg eine Beleidigung gegen jene sein, die in der Stadt leben und arbeiten, die vor dem ungeheuren Problem stehen, den heutigen Lebensrhythmus mit einer fernen Vergangenheit zusammenzubringen – die zu erhalten ist – und einer fernen Zukunft – die bewältigt werden muß. Wer weiß wie viele Urbanisten und Soziologen noch an Venedig scheitern müssen, wie viele Geister in die Knie gezwungen werden müssen: es ist da, mit seiner erhabenen und zersetzenden Verneinung, einschüchternd und unschuldig, wahnsinnig und überlegen, es scheint eben der Ansporn zu seiner Überwindung zu sein, Zwang zu höchster Leistung. Es ist da also eine Gesellschaft und eine Wirtschaft in der täglichen Klemme ihrer Probleme und Interessen, die selten miteinander vereinbar sind, und mit ihren sich befehdenden gut- und schlechtgemeinten Versuchen, diese Probleme zu lösen, bisher mit geringem oder gar keinem Erfolg. Sinnlos, sich weiterzuwagen. Man halte sich nur stets vor Augen, daß in Venedig auch der soziale und wirtschaftliche Aspekt sofort auf eine andere Sinnebene projiziert wird: und sogar ein ungeheuerlicher wirtschaftlich-architektonischer Wechselbalg wie die Stucky-Mühlen kann sich plötzlich in ein gespenstisches Vergnügen verwandeln, das, paradoxerweise, zu «parallelen Welten» führt.

Ein wünschenswerter und möglicher, irgendein Aufschwung Venedigs kann im italienischen, europäischen, internationalen Kontext nur in einer wahrhaft erneuerten Gesellschaft, nur jenseits der heute denkbaren Pläne geschehen. Und es ist gut, wenn man Venedig eine absolute, kosmische Exterritorialität zuerkennt. Der Internationalismus, der es in eine gewisse Rolle hineingewiegt und es fast eingeschläfert hat, mag deshalb, wenn auch kurzatmig, sich weiterhin um die Stadt drehen: mit einem etwas gedrückten Gewissen, aber vor allem mit dem Bewußtsein, daß alle Völker ihr etwas verdanken, diesem Schemen aus der Vergangenheit, in dem Räume, Zeiten und Völker sich überschneiden. Vielmehr wegen des Vorherrschens von Intelligenz, Kultur und Weisheit als aus dem Bestreben nach Eroberung ist sie in die Geschichte eingegangen. Jedenfalls ist es ratsam, den verschiedensten kleinen Gesten zu vertrauen, die zuerst den Fischern eigen waren, dann den Kaufleuten, dann den Adligen und zuletzt einem mit der Aristokratie verbündeten und sie scharfzüngig kritisierenden Volk. Es handelt sich hier um eine nicht mit dem landläufigen Begriff des Wortes charakterisierbare Aristokratie mit ihrem feinen Zug nonkonformistischen Wahns.

Auch heute, trotz allem, ähneln die kleinen Gesten jenen von gestern: die Leute, das Volk, seine schöpferische Kraft sind zäh, sie warten heute noch, und immer wacher, auf den Auftakt zur Tat, sie sind eine Theatergruppe oder ein Orchester mit vielen Leerbesetzungen, aber sie könnten uns immer mit einem Impromptu verblüffen. Man muß den farbenfrohen Läden und Ständen vertrauen, den frischen Gemüsen, dem Blumen-Obst; einem Lächeln oder einem verwirrten Gesicht begegnen, einem halb leidenschaftlichen, halb ironischen Anklang an die überschäumenden Riten der alten Zeit, an einen legendären, verlorengegangenen Karneval, der sich hartnäckig emporwühlt, halbertrunken im Hochwasser; menschliche Masken wahrnehmen, die sich mit der gleichen ewigen Frage Gehör verschaffen wollen, wie ein Widerschein oder eine Ecke oder ein Brückenbogen oder ein verborgener Engpaß im Kanal sein Dasein behauptet. Menschen und Dinge rufen gemeinsam um Hilfe gegen die nahen Chlor und Phosgen produzierenden Fabriken, gegen die schwarze Magie, welche die Erde mit Tod düngt. Wahrlich, ein anderer Mythos als jener inzwischen Tradition gewordene vom «Tod in Venedig» – der immer noch menschlich «annehmbarer» war mitsamt seinem Kitsch – droht von Marghera und dem Festland herüber mit seinen in den Horizont hineinragenden Schloten und höllischen Schornsteinen der Industrie.

Und wahrlich, andere Vorboten des Todes als selbst die perversesten Ausgeburten einer krankhaften Phantasie zerfressen die Leiber der Menschen, auf deren Schultern das Gewicht der Produktion lastet – ein Schreckgespenst, ein Minotaurus der fluchbeladenen, unentwirrbaren Vermengung von Notwendigem und Überflüssigem –, das der heutigen Welt auferlegt ist.

Eigentlich ist jene festgefügte Rolle Venedigs als Vorspiel und Vorhalle der Unterwelt noch erträglich, weil sich in Venedig in Wirklichkeit das Bild eines fortwährenden Todes abzeichnet, um fortwährend den Stachel des Todes abzustumpfen. Ja, auch wenn man Venedig als Mumie sieht, als blutsaugenden Vampir, auch wenn man es als eine Insel des Totenreiches im Diesseits betrachtet, merkt man sofort, daß das zwingende Drängen seines Rufes nach Blut, sein verzweifeltes Ringen um eine lebendige rosata facies, einen frischen Atem, in diesem Fall den negativ verstandenen Begriff von Vampirismus, den man im allgemeinen hat, ins Gegenteil verkehrt. Venedig scheint also jede Transfusion zu rechtfertigen, Diebstahl, Blutsaugerei, um seine eigentlich versunkene Vergangenheit wieder zu beleben: zu viel hat die Vergangenheit zu sagen, die Schichten, schillernde Organismen und vergrabene Sporen, Keime eines Zukunftsträchtigen, eingeschlossen im Gestern, durch welche die Zeit hindurchging, ohne sie zu berühren, auch wenn alle historischen Gegebenheiten und Bedingungen vergingen, in der jene Kerne ihre Form erhielten. So werden auch jene Schattenrisse der Industrie, die wir überall auf unserer Erde finden (und die manchmal nicht ohne unergründlichen höhnischen Reiz sind), hier, vor der Gestalt Venedigs, aus ihrem Zusammenhang gehoben und in ein anderes Lesefeld gedrängt. Die Linie des schreiendsten Gespanns der Gegensätze, das es auf dieser Welt gibt, die Verstrickung von Venedig mit Mestre-Marghera (welches ist der lebende, welches der verwesende Körper?), fordert zu einer heilenden Naht heraus: fordert, wie gesagt, zu einem Sprung darüber hinaus gegen das Noch-Nicht-Geplante, gegen das Noch-Nie-Gewesene, in dem sogar das Böse gezähmt wird, seiner Macht beraubt und wieder gewertet als Zeichen, Spur, Form. Die Überwindung von Gegensätzen, die jedoch durchaus sichtbar blieben, war eine der unvergleichlichsten Schicksalslinien, die Venedig hatte, wenigstens bis zur Schwelle zu unserer Zeit. So zeigt sich hier die feinverästelte und genaueste Präzision gebrochen, zersprengt und wieder aufgenommen durch Fremdschichten aus der weichen Trägheit der Algenwälder und aus dem «vagen Erdreich» dunkelblauer Kohle; zwingend wird der Vergleich zwischen dem, was fast krankhaft fein, bearbeitet, geschliffen ist, und dem, was fast krankhaft unförmig, roh und frei ist von jedem Zwang zur Entscheidung. Es ist alles ein Schneiden und Überschneiden und Ineinandergreifen gegen den vollkommenen Raum hin, in den sich die Fassaden einfügen wollen, und gegen jenen dichten und verkehrten, in dem die Innenräume wurzeln. Die Präsenz des Glases, das in Murano einen seiner fruchtbarsten Sitze gefunden hat, kommt und geht, biegsam und scharfkantig, und zersplittert in

Springfluten von Bruchstücken, die sich durch die kaleidoskopischen Flächen der Mosaiken sofort wieder zusammenfügen. Und diese senden von den verborgensten Ecken ihre Zeichen aus, als folgten sie dem Gang aller jener für die verschiedensten Instrumente komponierten Musikstücke, die Venedig hervorgebracht, gestimmt und entwickelt hat, durch die Jahrhunderte bis zur mutigen Gegenwart.

Venedig kann man auch einfangen, wenigstens in irgendeinem seiner Teilchen, wenn man frontal und von Innen her die Kamera auf das Panorama von Palästen und Gondeln richtet. Es ohrfeigen, ihm die Haut herunterreißen, ihm zerstörende und wiederaufbauende Keulenhiebe versetzen, versteinernde Küsse. Details enthüllen durch den Fotoblitz. Eine Folge von Klicks, dann Diaserien, überflogen wie die Seiten eines Buches. Der Fotograf folgt seiner Route, ohne uns den Faden zu zeigen, versagt uns vieles, zerrt uns plötzlich vor einen De Chirico und einen Margritte oder drängt uns zurück zu den Ufern einer abdriftenden Tradition. Der Fotograf schleicht sich ein wie ein heimliches Wiesel, ein Lockvogel, ein Gespenst, das nur erscheint, um zwischen zwei Wimpernschlägen eine Anspielung hinzuwerfen. Er bannt und kehrt sich ab. Zurück bleiben die bunten Blätter eines Albums: und dieses, zuerst wie gefangen im Einband mit einem raffinierten Titelbild, einem wahren As über einem Bündel verwunschener Karten, stürmt plötzlich los zu einem Überfliegen der Seiten, die sich unter der Hand wölben, und läßt die Farben aufblitzen. Dann endet alles gut, in der Erinnerung bleibt ein Venedig aus venezianischen Perlen mit ihrem Schimmer, und weiter nichts. Besser noch, wenn das Album Kindern in die Hände fällt, die es fertigbringen, es in seine einfachen Bestandteile zu zerlegen, in ein Mosaik von leuchtenden Fetzen.

Nicht vom Flugzeug, einem plumpen, brüllenden, energiefressenden Monster, sondern von einem heiter dahinschwebenden Ballon aus, der von rätselhaften Wirbeln eines künstlichen Satelliten getrieben scheint, sollte man sich von Venedig verabschieden, von seiner Umgebung und seiner Lagune, während das Gesichtsfeld sich stetig erweitert.
Gleich einem geheimnisvollen, bohrenden und durchbohrten Käfer hockt die Stadt in der Lagune, von ihr genährt und ihr verfallen. Punkte von Booten werden sichtbar, hingetupft über kaum erkennbare Kanäle, Zeichen einer Jagd und einer geduldigen Fischerei, bar jeder Beute, es sei denn die des Wahns: es mögen die gewundenen Wege der Wasserläufe sein, die gezogenen Linien der Ufer oder die geheimnisvollen Flächen des Meeres, der Edelsteinschnitt einiger Inselchen oder die Andeutung verschollener Topographien, die sich nur im Durchschimmern des Grases erkennen lassen.
Aus wachsender Höhe gewinnt man den Überblick über die feinmaschige Verzahnung von Erde und Wasser in ihren tausendfachen Gestalten, die träge Vermischung von Süß- und Salzwasser und auch von einer weichen, heilen Welt mit einer verpesteten, chemischen in nächster Nähe. Die großen Sandbänke leben – Rücken, die auftauchen und wieder in den Fluten versinken nach unergründlichen, ewigen Gesetzen –, es erscheinen gestirnte Flecke, Vögel, zitternde Fühler wie von Ameisen, die sich begegnen.
Nein, die Geschichte hat hier nicht geendet, sie wird nicht enden: hier, an diesem «Ort», der Möglichkeit ist, Versuchsfeld, Idee,

in der das Leben sich erkennen kann. Dreck und Petroleum, Phosphogene und Würmer, Transport- und Wirtschaftsprobleme, öffentlicher Dienst, Kompetenzstreitigkeiten, Inkompetenzen und Versagen sind sicher Tatsachen. Aber man hat das Gefühl, daß die Probleme irgendwie gelöst werden, im Namen und nach dem Willen aller und der ganzen Welt, die mit Venedig sein will. Wie, wissen wir nicht. Aber von hier aus ist es richtig, sich jeder Begegnung zuzuwenden, man kann immer, wenn auch zögernd, Hand an eine Hypothese legen: eine Mauer, einen Eisenring, eine Holzstütze; man kann immer einen Hauch wahrnehmen, des Windes, der Algen, eines Menschenmundes, der jegliche Fäulnis überwindet. Wir spüren die Hand sanft in solche Begegnungen eingreifen, wir spüren auf unserem Gesicht den leichten Schlag jener Flügel, die kein Teer verkleistern kann. Wir treten ein wie in etwas, das stets im Fluß, ungeduldig, zukunftsgerichtet ist, und wir merken, wenn wir eine sinkende Sonne vor uns zu sehen meinten, daß wir heilsam geblendet wurden von jenem leuchtenden Überschwang des Lebens, das Venedig – sich nicht aufdrängend, sondern sich entziehend in seinem einschmeichelnden «Vielleicht» – immer war und weiterhin sein wird.

Andrea Zanzotto

die geburt: das meer und das gestade

12 13

14 15

1

Das Adriatische Meer, das Griechen und Byzantiner, räuberische Illyrer und Araber, Kreuzfahrer auf ihrem Weg ins Heilige Land und Kaufleute mit ihrer kostbaren Fracht orientalischer Schätze durchschifften. Über die Adria reicht das Mittelmeer bis fast an die Alpen heran, bis ans Herz Europas. Dieses Meer bestimmte von Anfang an das Schicksal Venedigs.

2-3

Das Adriatische Meer bildet bei den Mündungen der Flüsse aus der Poebene ein Labyrinth von Inseln, Landzungen und Lagunen, von wandelhaftem Land: Sandbänke, die im Wechsel der Gezeiten aus dem morastigen Grund auftauchen und wieder im blauen Spiegel der Lagune versinken.

4-5

Ein Volk, das seine Freiheit eifersüchtig verteidigte, nahm die Herausforderung dieses zwischen Boden und Woge wandernden Landes an und suchte hier Schutz vor den Horden der Barbaren, die in der Poebene wüteten. Es stellte sich den Tücken dieser Natur, aber es wußte auch deren Vorteile zu schätzen. Und es begann, die Anlegestellen und die sicheren Tiefen mit langen Pfahlwegen zu kennzeichnen, den «Bricole».

6-7-8-9

Am Ende des 8. Jahrhunderts entstand dann auf den ruhigen Wassern der Lagune, bei Rialto, die Stadt Venedig. Sie wuchs und gedieh, aber vom ersten Tag ihrer Entstehung an bewahrte sie unverändert ihre Eigenart: ihre wunderbare Geburt aus dem Meer.
Wie ein großes Tor führt das Becken von S. Marco hin bis zum Herzen der Stadt. Hier liegt der wahre Eingang Venedigs, und hier sollte man mit seiner Entdeckung beginnen. Und das nicht nur, weil hier die Stadt ihre herrlichsten Schöpfungen bereithält, sondern vor allem, um das Gesicht kennenzulernen, mit dem Venedig seine Söhne empfing, wenn sie nach langer Seefahrt mit heißem Heimweh zurückkehrten.
Rechts baut sich der mächtige Campanile auf, links liegt die Insel S. Giorgio mit der Kirche von Palladio und dem Glockenturm, dem Benedetto Buratti 1791 seine letzte Form gab.

10

Die Insel von S. Giorgio ist ein Teil des unvergleichlichen Weichbildes des Beckens von S. Marco, in dem einst die Schiffe vor dem Dogenpalast und dem schönsten Platz von Venedig ankerten.

Seit dem 10. Jahrhundert steht hier ein Benediktinerkloster, das in seiner heutigen Form zwischen dem 15. und dem 17. Jahrhundert entstand. Im 16. Jahrhundert erbaute Palladio die große Kirche und das Refektorium, das unter anderem zwei Werke Tintorettos birgt, das Mannawunder und das Letzte Abendmahl. Im 17. Jahrhundert entwarf Longhena den monumentalen Treppenaufgang des Klosters und die Bibliothek.

11

Die Insel von S. Giorgio von der Riva degli Schiavoni aus gesehen. Die Insel ist heute Sitz einer bedeutenden kulturellen Einrichtung, der Stiftung Cini.

12-13

Der Gondelanlegeplatz vor der Piazzetta von S. Marco bei Sonnenuntergang. Im Hintergrund die Kuppeln der Kirche S. Maria della Salute.

14

S. Giorgio: der kleine sonnenbeschienene Turm aus dem 19. Jahrhundert bewacht den Eingang zu einem kleinen Hafen.

15

Von S. Giorgio aus bietet sich die wohl berühmteste Ansicht von Venedig: links der Palast der Alten Münze, die Zecca, von Sansovino entworfen, daneben die Bibliothek von S. Marco, ebenfalls von Sansovino, dahinter der monumentale Campanile, dann die Piazzetta von S. Marco mit den beiden Säulen. Die eine stellt den Todaro dar, den hl. Theodorus, den ersten Schutzheiligen der Stadt. Das Original dieser aus Einzelteilen aus verschiedenen Jahrhunderten zusammengesetzten Säule wird im Dogenpalast aufbewahrt. Die andere trägt den Löwen von S. Marco, eine Nachbildung einer interessanten orientalischen Bronze.
Im Hintergrund der Uhrturm und die Markuskirche, rechts der Dogenpalast, der das Bild abrundet, das klassische Bild von Venedig, unzählige Male gemalt und gezeichnet, uns allen schon lange vertraut, ehe wir es wirklich sehen.

16

Die Fassade des Dogenpalastes gegen das Becken von S. Marco hin nach Sonnenuntergang, von einem vorbeifahrenden Boot aus aufgenommen. Es ist ein Bild des heutigen Venedig, des schnellen Verkehrs mit Booten und Schiffen, ein gewohntes Bild für den, der in der Stadt wohnt oder sie besuchen will.

das herz von venedig

25 26

27 28

29 30 31

32 33

B76

38 39 40

41 42

43 44

45 46

47 48

49 50

56 57 58

51 52 53

59 60

17

Eine Stadt mit einer Unmenge von Häusern, Läden, Gassen, Plätzen, Brücken, Klöstern, Kirchen und Palästen. Ein äußert komplexes und fein differenziertes Gewebe, das um die Schlangenlinie des Canal Grande herum wie zufällig entstand. Ein verworrenes und zugleich ausgewogenes Gewebe, in dem jeder baute und schaffte, was er gerade brauchte und dabei stets die ganze Stadt miteinbezog, als sei sie sein eigenes Haus, schön und geliebt wie ein Wunschtraum der Phantasie.

18-19

Der Dogenpalast ist ein Meisterwerk der venezianischen Gotik. Seine heutige Form erhielt er im 14. Jahrhundert, vermutlich nach Entwürfen des Baumeisters Filippo Calendario, dem auch einige Statuen des Fassadenschmuckes zugeschrieben werden. Elemente der europäischen Gotik verschmolzen in Venedig – und besonders bei diesem Palast – mit der dekorativen Eleganz der arabischen Baukunst und mit der verspielten Kostbarkeit der byzantinischen Tradition. Im Jahre 1404 umrahmten die beiden Dalle Masegne das große Mittelfenster auf der Seeseite mit reichen Dekorationen. Rechts ist der Dogenpalast vom Rio del Palazzo begrenzt, der von drei Brücken überspannt wird: vom Ponte della Paglia, der Seufzerbrücke und dem Ponte di Canonica. In der Mitte des Hofes, angelehnt and die Markuskirche, der mächtige Arco Foscari, von Rizzo gegen Ende des 15. Jahrhunderts errichtet. Rechts des Palastes der etwas niedrigere Bau des Gefängnisses, der Prigioni, aus dem 16-17. Jahrhundert.

20-21

Der Ponte della Paglia erhielt seinen Namen von den Frachtschiffen, die hier mit ihren Strohladungen anlegten (paglia = Stroh). Von hier aus kann man die Seufzerbrücke betrachten. Diese gut gesicherte Brücke, die Antonio Contino um 1600 erbaute, verband die Amtsräume der Inquisition im Dogenpalast mit dem Gefängnis und ist heute eine vielbestaunte Sehenswürdigkeit.
Das Touristengewimmel auf dem Ponte della Paglia: ein häufiges Bild in Venedig während der Hochsaison zwischen März und Oktober.

22

Blick vom Ponte della Paglia gegen die Seufzerbrücke und auf den Rio del Palazzo.

23

Der Sockel der Todaro-Säule mit Plastiken aus dem 12. Jahrhundert, Darstellungen des Handwerks.

24

Die «Tetrarchen» aus Porphyr, in denen der Volksmund die «Mohren» sehen will, die vier Sarazenen, die der Sage nach den Schatz von S. Marco rauben wollten. Tatsächlich sind die beiden Porphyrgruppen, die je zwei diademgeschmückte Imperatoren in zeremoniöser Umarmung zeigen, in die Ecken der Cappella del Tesoro eingefügt, die den Kirchenschatz birgt. Die Gruppe stellt die vier Kaiser der Tetrarchie Diokletians dar; es handelt sich um eine ägyptische Arbeit aus dem 4. nachchristlichen Jahrhundert, ein typisches Beispiel spätrömischer Kunst.

25-26

Marmorne Balustraden des Dogenpalastes. Die Plastiken der Kapitelle wiederholen in bescheidenerem Maße den prachtvollen Schmuck der Säulen im Erdgeschoß.

27-28

Der Innenhof des Dogenpalastes - Details der Süd- und der Ostseite. Dieser Teil des Gebäudes wurde gegen Ende des 15. Jahrhunderts und während des darauffolgenden Jahrhunderts vollendet, und zwar arbeiteten daran: Rizzo, Bregno, Pietro Lombardo, Scarpagnino und Bartolomeo Monopola.

29

Die Loggia des Dogenpalastes mit den Dogenbüsten aus dem 19. Jahrhundert.

30

Detail der Statue des Mars, eines Spätwerkes von Sansovino. Sie steht zusammen mit der Neptunstatue auf der Scala dei Giganti. Hier wurde der Doge feierlich mit dem Dogenhut, dem Zeichen seiner Würde, gekrönt.

31

Die Scala d'Oro, die schönste Treppe des Dogenpalastes: entworfen von Sansovino, die Stukkaturen stammen von Alessandro Vittoria.
Im Dogenpalast waren die höchsten Behörden und Ämter der Republik untergebracht: die Avogaria (Notariate), die Milizia da Mar (Seefahrtsbehörde), das Kollegium, die Pregadi (der Senat), der Rat der Zehn, die Staatsinquisition, die Quarantia Civil Vecchia, die Quarantia Civil Nuova, der Große Rat u.s.w. Daneben hatte der Doge hier auch seine Privatgemächer. Eigentlich geht das Konzept dieser geschlossenen Einheit auf die alten römischen Kaiserpaläste zurück, wahre Verwaltungslager wie z.B. der «Palast» von Konstantinopel.

32
Der Saal des Großen Rates, der größte Saal des Dogenpalastes, kühn ohne stützende Säulen und Pfeiler gebaut, wunderbar geschmückt mit Gemälden von Paolo Veronese und Jacopo Tintoretto. Hier tagte die höchste Behörde Venedigs, ihr gehörten die ins Goldene Buch eingetragenen Adligen an, die das fündundzwanzigste Lebensjahr vollendet hatten. Ursprünglich waren es runde Tausend, später wuchs die Zahl auf 1600 an.

33
Der Saal des Antikollegiums, das Vorzimmer zum Saal der Signoria. Eine Reihe kostbarer Meisterwerke der größten Venezianer des Cinquecento schmückt die wichtigsten Säle des Palastes: hier ein Detail von Tintorettos Merkur und die Grazien.

34
Gegen Ende des 13. Jahrhunderts genügte die bescheidene Fassade der Markuskirche der wachsenden Prachtentfaltung des venezianischen Lebensstils nicht mehr, und man ging an den Umbau von Fassade und Kuppeln. An diesen Arbeiten zur Verschönerung der Kirche beteiligten sich zahlreiche Künstler, vor allem in der ersten Hälfte des 15. Jahrhunderts, die sich besonders von den eleganten Formen der Spätgotik beeinflussen ließen.

35
Die berühmten Bronzepferde an der Fassade der Markuskirche stammen aus Konstantinopel, wo sie wahrscheinlich die Pferderennbahn zierten. Nach der Eroberung der Stadt durch die Venezianer während des Vierten Kreuzzuges kamen sie nach Venedig. Die prachtvollen Werke werden der römischen Plastik zugeschrieben, wahrscheinlich gehen sie auf die Zeit der Adoptivkaiser zurück (2. nachchristlisches Jahrhundert). 1797 wurden sie von Napoleon verschleppt, 1815 aber nach dem Traktat von Wien der Stadt wieder zurückgegeben.

36
Portal der Markuskirche, Detail des Bronzetores. Die Basilika unterstand, wie die Kirchen der Kaiserpaläste, unmittelbar der politischen Macht, hier also dem Dogen. Sie war eine Art Hauskapelle des Dogen und gehörte daher bis zur Franzosenzeit nicht dem Patriarchen von Venedig, der seinen Sitz in S. Pietro in Castello hatte.

37

Markuskirche, Innenansicht. Die Basilika wurde im 11. Jahrhundert nach dem Vorbild einer alten Kirche in Konstantinopel, der Apostelkirche, erbaut. Sie beweist die enge kulturelle und politische Bindung zwischen Venedig und der Hauptstadt des Oströmischen Reiches und von daher die tiefe Verwurzelung der venezianischen in der spätrömischen und byzantinischen Kunst. Die kostbare Innenausstattung der Kirche, Marmor und Mosaik, knüpft an diese Überlieferung an, die man auch in Ravenna oder in anderen Städten finden kann, sofern sie die Wirren der Völkerwanderung überdauert haben.

38

Das Handelszentrum der Stadt blieb Rialto, aber nicht weit davon entfernt entstand ein zweiter politisch-religiöser Mittelpunkt. Hier hatte der Doge seinen Sitz, hier hatte der Schutzheilige der Stadt, der Evangelist Markus, seine Kirche, hier konnte sich das Volk auf dem großen Platz versammeln.

Die hohe Bevölkerungdichte gerade dieses Viertels beweist bis heute die einstige Bedeutung.

Rechts oben sieht man die Wendeltreppe des Palazzo Contarini del Bovolo, den sogenannten «Bovolo», die Schraubenschnecke, eine architektonische Merkwürdigkeit aus dem späten 15. Jahrhundert. Weiter links davon das Theater La Fenice mit seiner Säulenfassade. Links oben ragt die statuengeschmückte Fassade der Kirche von S. Maria del Giglio heraus, im 17. Jahrhundert von Sardi erbaut, und etwas unterhalb in der Nähe des Markusplatzes erkennt man die Rückseite der Kirche von S. Moisé, ebenfalls aus dem 17. Jahrhundert. Deutlich sieht man die Statuen des Merengo über der Fassade. Im Vordergrund die lange Flanke des Dogenpalastes gegen den Rio del Palazzo hin.

39-40

Der Markusplatz diente früher vornehmlich öffentlichen Festen und Feierlichkeiten. Hier liebte die aristokratische Regierung der Republik dem venezianischen Volke entgegenzutreten, und im Lauf der Jahrhunderte nahm der Platz allmählich die bauliche Geschlossenheit an, die der Würde dieser Anlässe entsprach. Aber wenn der Platz auch eine ernste und strenge Erhabenheit ausstrahlt, so ist er doch letztlich wegen der Vielfalt der Formen, die ihn prägen, ~~und der Auf~~gaben, die er erfüllt, ein offener und einladender Ort für jedermann.

41

Die Procuratie Vecchie. Hier saßen die Prokuratoren von S. Marco, die ehrwürdigste Behörde nach dem Hof des Dogen. Der Bau geht auf das späte 15. Jahrhundert zurück und wird dem Baumeister Mauro Coducci zugeschrieben, der den ersten Stock errichtet haben soll. Bartolomeo Bon, Guglielmo Grigi und schießlich Jacopo Sansovino führten die Arbeiten weiter und formten das Gebäude aus.

42

Gegenüber den Procuratie Vecchie liegen die Procuratie Nuove. Der Bau wurde 1586 von Vincenzo Scamozzi begonnen und 1640 von Longhena vollendet. Die sogenannte «Ala Napoleonica», 1810 von Giuseppe Soli erbaut, schließt den Platz ab. Früher befand sich hier die von Sansovino entworfene Kirche von S. Giminiano. In den Procuratie Nuove ist heute das Museum Correr untergebracht, eines der größten der Stadt, außerdem auch das Museum des Risorgimento und das Archäologische Museum.

43-44

Unter den Procuratie. Der Markusplatz wurde 1723 nach einem Entwurf von Andrea Tirali gepflastert. Früher hatte er einen Ziegelboden im Fischgrätmuster.

45

Der Markusplatz ist nach wie vor der wichtigste Treffpunkt der Stadt. Einige Cafés unter den Procuratie sind hochberühmt, so das Florian. Es erhielt seinen Namen von seinem ersten Besitzer, Floriano Francesconi (1720). Einrichtung und Ausstattung stammen aus dem 19. Jahrhundert. Ebenso berühmt ist das Quadri oder das Lavena. Während der warmen Jahreszeit breiten sich die Tischchen der Cafés über den Platz aus und kleine Orchester begleiten die Ruhepausen der Touristen, die bei ihrer Stadtbesichtigung früher oder später hier zusammenströmen.

46

Im Café Lavena. Beherrschend der Leuchter aus Murano. In diesen berühmten Lustern, vor allem in jenen aus dem 18. Jahrhundert, bündelt sich die ganze Grazie, die Frische und die farbliche Eleganz, die das venezianische Leben prägen.

47-48

Venezianer und Touristen auf den Markusplatz. Venedig ist ein beliebtes Ziel für jung vermählte Paare. Sie benützen die Hochzeitsreise für eine Besichtigung dieser einzigartigen Stadt, der die Legende auch eine seltsam süße, verträumte und weiche Atmosphäre zuschreibt, ein idealer Rahmen für die Fritterwochen.

49-50

Eine italienische und eine schottische Schülerschar vor der Markuskirche. Venedig ist Ziel nicht nur für Besucher aus fernen Ländern, sondern auch für Leute aus dem nächsten Hinterland, so auch für Schüler aus der ländlichen Umgebung, die voll Staunen die vielgerühmte Stadt betrachten.

51-52-53

Hochwasser auf dem Markusplatz: Überschwemmungen, die von besonders heftigen Springfluten verursacht werden, hat es hier immer gegeben. In letzter Zeit allerdings trat das Phänomen so oft in Erscheinung, daß man um die Zukunft Venedigs zu bangen begann. Schwere Schäden richtete das Hochwasser im Jahre 1966 an. Seitdem beobachten Techniker und Wissenschaftler ständig alle Kräfte, die auf die Gezeiten in der Lagune einwirken, und kündigen über ein besonderes Warnsystem das gefährliche Ansteigen des Wassers rechtzeitig an.

54

Es gibt Zeiten, vor allem im Winter, in denen auch der Markusplatz fast völlig verlassen daliegt.

55

Der Platz während eines Schneefalls. Es schneit nicht oft in Venedig, aber der Schnee verleiht dieser schon märchenhaften Stadt jedes Mal einen weiteren märchenhaften Glanz.

56-57-58

Der Markusplatz und die Piazzetta im Schnee. Die aufgeschichteten Holzbänke dienen während des Hochwassers, das vornehmlich zwischen November und März die tiefergelegenen Stadtteile unter Wasser setzt, als Brückenstege.

59-60

Die Insel von S. Giorgio und die Salute nach einem Schneefall.

61

Der Eingang zum Markusplatz von der Calle dell'Ascensione aus, unter der Ala Napoleonica, nachts: Hier öffnet sich der Platz plötzlich in all seiner Weite und Würde. Aber im Dunkel der Nacht oder im Grau der kalten Jahreszeit kann die endlose Weite des Platzes im Besucher auch ein unheimliches Gefühl der Einsamkeit und Verlorenheit auslösen.

der canal grande

63 64

65 66

67 68

69 70

71

ACCADEMIA DI BELLE ARTI
le donne lottano

76 77 78

79 80 81

82 83

84 85

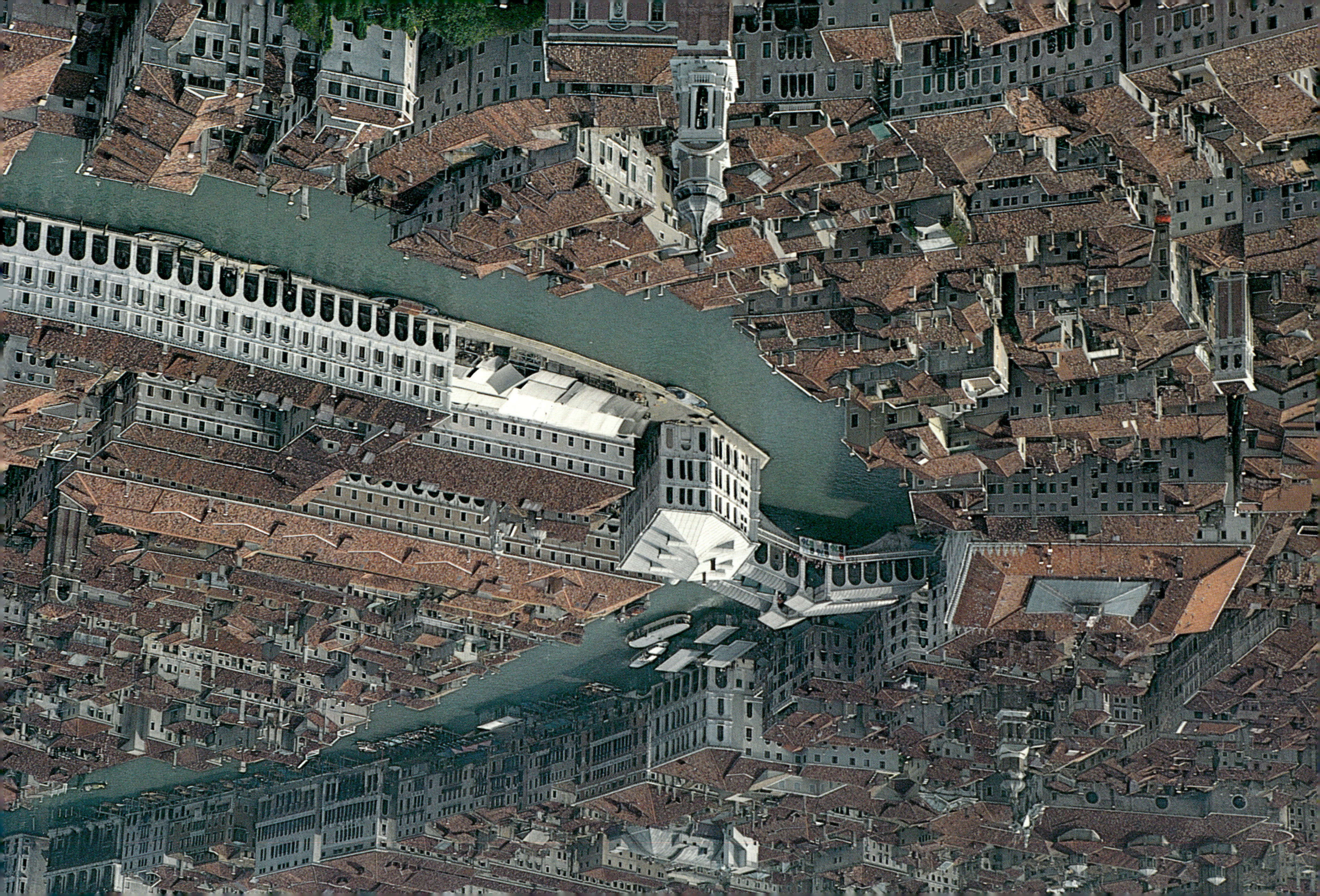

86 87 88

89 90

91 92

Berto
Berto

62
Ein Gondoliere auf dem Canal Grande.
Der Canal Grande ist die Hauptverkehrsader von Venedig, er folgt der Schlangenlinie einer alten Flußmündung und stellt mit seinen prachtvollen Bauten an den Ufern das großartigste Stadtbild vor, das eine Stadt je hatte.

63
Ein Gondoliere neben dem Gondelhafen von S. Marco.
Die Gondel ist unabdingbar mit Venedig verbunden. Zu touristischen Zwecken wird sie nach wie vor viel gebraucht, aber auch als «Fähre» über den Kanal, eine vielbenützte Verkürzung der Wege.

64
Eine «Bricola» vor Harry's Bar. Diese typischen Pfosten der Lagunenlandschaft dienen hier als Anlegeplatz für Boote. Man findet sie vor allen venezianischen Palästen, für die das Wasser der wichtigste Zufahrtsweg war. Die leuchtenden Farben und eleganten Formen sind von Palast zu Palast verschieden.

65
Wie die Gondel ein ureigenster und unabdingbarer Teil der Geschichte Venedigs ist, so gebührt auch dem Gondoliere eine außergewöhnliche Rolle im Leben der Stadt, ist er doch einer der genuinsten Vertreter des alten Volkes von Venedig.

66
Die Gondel wird nicht nur für das Vergnügen der Gäste gehegt und gepflegt, sie ist auch der Stolz des Gondoliere, die unzertrennliche Gefährtin seiner Arbeit und seines Erwerbs.

67-68
Die «Fondamenta» im Inneren Venedigs. Hier kann man vielleicht eine Gondel vor sich hin träumen sehen, weitab vom hektischen Trubel des Fremdenverkehrs.

69
Die Punta della Dogana da Mar, 1677 von G. Benoni erbaut. Hinter der Punta die Magazine der Zollstation, dann das Patriarchatsseminar und die Kirche S. Maria della Salute, ein Werk Longhenas.

70
Die Salute ist eine Votivkirche, die nach dem Pestzug von 1631 erbaut wurde. Sie ist das berühmteste Werk von Baldassare Longhena, einem Baumeister aus einer Tessiner Familie, der die barocke Baukunst Venedigs entscheidend prägte. Das Bild der Kirche, am Eingang des Canal Grande gelegen, gehört mit zum Szenarium des Beckens von S. Marco.
Im Inneren findet man auf den Altären und in der Sakristei Werke von Tizian, Tintoretto, Salviati, Luca Giordano, Giusto le Court u.a.

71
Palazzo Dario. Im 15. Jahrhundert wandte sich Venedig allmählich von der Gotik ab und neigte den Formen der Renaissance zu, die vor allem von Mauro Coducci und den beiden Lombardo vertreten wurden. Auf diese geht der Palazzo Dario zurück, der vor allem wegen seiner kostbaren Marmorarbeiten berühmt ist.

72
Der Canal Grande in der Nähe der Accademia. Nur drei Brücken überqueren den Canal Grande: die Rialtobrücke, die älteste und berühmteste, dann die moderne Brücke der Ferrovia beim Bahnhof und die Brücke der Accademia; eine behelfsmäßige Holzbrücke, die eine Eisenkonstruktion aus dem Jahre 1854 ersetzt.

73
Auf dem Ponte dell'Accademia. Die Brücke entstand 1932 und erhielt ihren Namen nach der Kunstakademie, vor der sie sich befindet.

74-75
Die Accademia di Belle Arti, die Kunstakademie, hat ihren Sitz in der ehemaligen Kirche der Carità und dem alten Kanonikerkloster. Die Akademie von Venedig wurde 1750 von Piazzetta gegründet und 1756 unter der Leitung von G. B. Tiepolo offiziell anerkannt. Zur Akademie gehört die berühmte Galerie, das größte Museum der Stadt und eines der kostbarsten Italiens. Es wurde 1807 eingerichtet.

76-77
Bei der Weiterfahrt auf dem Canal Grande kommt man bei Cà Rezzonico vorbei. Der Palast wurde in der zweiten Hälfte des 18. Jahrhunderts von Longhena begonnen und im nächsten Jahrhundert von Massari vollendet. Er ist ein prachtvolles Beispiel des venezianischen Barock, heute beherbergt er ein Museum des 18. Jahrhunderts.

78
Cà Rezzonico besitzt Decken von Tiepolo, Crosato, Guarana, Gemälde und Skulpturen von Vittoria, Brustolon und Morlaiter, Zimmereinrichtungen aus dem 18. Jahrhundert, eine alte Apotheke, verschiedene Marionettentheater, Trachten, unter anderem die Fresken von G. B. Tiepolo aus Zianigo und vieles andere mehr. In den Sammlungen verdient eine Reihe von Bildern des Pietro Longhi besondere Beachtung. Sie stellen Szenen aus dem venezianischen Leben dar, das P. Longhi scharf und köstlich beobachtete.

79-80
Der Canal Grande ist sicher eine touristische Sehenswürdigkeit, vor allem aber ist er die wichtigste Handelsstraße Venedigs, einzigartig auf der Welt, in der Verkehrsdichte vergleichbar den Champs Elisées von Paris oder der Fifth Avenue von New York.

81
Palazzo Giustiniani, ein Beispiel der venezianischen Gotik des 15. Jahrhunderts. Die gotische Baukunst prägte mit ihrer leichten Eleganz das historische Gesicht der Stadt entscheidend mit. Hier wohnte Richard Wagner und komponierte den zweiten Akt seines Tristan.

82
Palazzo Giustiniani und Palazzo Foscari. Der Palazzo Foscari ist das bedeutendste Bauwerk im gotischen Stil des 15. Jahrhunderts. Hier starb 1457 der Doge Francesco Foscari aus Gram über seine Amtsenthebung. Heute ist hier die Universität untergebracht.

83
Auf dem Canal Grande kann man durchaus noch traditionelle Ruderboote antreffen, sie sind immer noch voll einsatzfähig, ja unentbehrlich wegen ihrer Wendigkeit.

84
Werkstatt eines Holzschnitzers bei San Tomà. Das Kunsthandwerk ist in Venedig noch ein lebendiger Bestandteil der sozialen und kulturellen Struktur der Stadt. Die venezianischen Handwerker besitzen noch die Erfahrung und das Formgefühl ihrer Vorfahren, und sie wissen beides nicht nur auf traditionelle Gegenstände, sondern auch auf neue Schöpfungen anzuwenden.

85

Antiquitätengeschäft bei San Tomà. Der tausendjährige Reichtum Venedigs macht die Stadt zwangsläufig zu einem Mittelpunkt des Antiquitätenhandels, der hier von hervorragenden Sachverständigen betrieben wird.

86

Venedig in der Nähe der Rialtobrücke. Links der mächtige Fondaco dei Tedeschi, ein Bau aus dem frühen 16. Jahrhundert, der früher mit Fresken von Giorgione und Tizian geschmückt war. Rechts der Palazzo dei Camerlenghi, ein Werk Lombardos, dann der lange Portikus der Fabbriche Nuove, die um die Mitte des 16. Jahrhunderts von Sansovino als Sitz der Handelsbehörden errichtet wurden.

87

Die Rialtobrücke (Ende des 16. Jahrhunderts von Antonio da Ponte erbaut) und der Palazzo dei Camerlenghi. Der Palast wurde 1525 von Guglielmo Bergamasco erbaut und war der Sitz der drei Stadtkämmerer sowie einiger kleinerer Behörden.

88

Der Canal Grande bei der Rialtobrücke. Der dritte Palast von links ist die Cà da Mosto aus dem 13. Jahrhundert. Er gehört zu den ältesten Bauten am Canal Grande. Schon zu jener Zeit wiesen die Häuser Venedigs die typischen offenen Loggien und die großen Fensterfassaden auf, Zeichen der großen politischen und sozialen Sicherheit dieser Stadt bereits im Mittelalter. In diesem Haus kam der Entdecker Alvise da Mosto zur Welt. Vom 16. bis zum 18. Jahrhundert war hier das Hotel Leon Bianco untergebracht, das berühmteste Gasthaus der Stadt.

89-90

Die Cà d'Oro, das Meisterwerk der venezianischen Gotik, wurde in der ersten Hälfte des 15. Jahrhunderts erbaut. Unter die Baumeister des Palastes will man auch Matteo Raverti einreihen, den Erbauer des Mailänder Domes, und die beiden Bon, berühmte Baumeister und Bildhauer jener Zeit. Heute ist der Palast Sitz eines Museums.

91

Cà Mocenigo bei S. Stae, typisches Beispiel eines vornehmen Patrizierhauses. An der Decke des «Roten Salons» ein Fresko von Guarana aus dem Jahre 1767 mit der Apotheose der Familie Mocenigo. Der Leuchter gehört zum Typus der sogenannten «Cioca», des Blumenstraußes, und wird der Werkstatt von Giuseppe Briati zugeschrieben, einem der genialsten Glasbläser des 18. Jahrhunderts.

92

Cà Mocenigo bei S. Stae, Roter Salon.
Detail der Holzschnitzereien, die das Bildnis des Prokurators Contarini (18. Jahrhundert) umrahmen. Das prunkvolle Werk wird Antonio Corradini zugeschrieben, der auch die Ausstattung des letzten Bucintoro, des Prunkschiffs der Dogen von Venedig, schuf.

93

Das Wesen der venezianischen Architektur sind die Farben und die Schwerelosigkeit, die an masselose Theaterkulissen gemahnt. Der Palazzo Sagredo, Ende des 14. Jahrhunderts erbaut, bewahrt noch viele Eigenheiten des früheren veneto-byzantinischen Stils.

94

Nicht nur die Paläste am Canal Grande, auch jene an den kleineren Kanälen zeigen oft eine edle architektonische Gestaltung. Hier ein Blick auf den Rio di Sant'Antonio in der Nähe des Teatro Malibran.

95-96

Der Canal Grande bei Nebel. Diese Barken, die sogenannten «Peote», sind ein charakteristisches Transportmittel der Stadt. Bei der Rialtobrücke befindet sich der wichtigste Obst- und Gemüsemarkt von Venedig.

97

Palazzo Donà, an den Fondamenta della Misericordia, neben der Jesuitenkirche. Er wurde im 18. Jahrhundert von Domenico Rossi erbaut. Hier stehen wir an der nördlichen Ecke Venedigs, wo die Stadt gegen die Inseln Murano und S. Michele zur Lagune hin ein etwas herberes Gesicht zeigt.

gondeln, brücken und gassen

105 106

103 104

101 102

99 100

107 108

109 110

111 112

PONTE
DE L'OSPEDALETO

113 114

115 116

117 118

119 120

121 122 123

PAROCHIA
S. ALVISE
VULGO S. LUDOVICO
SOTOPORTEGO
DE GHETO NOVO
PONTE DE GHETO
NOVISSIMO

127 128

129 130

ARCHIVIO DI STATO

131 132

133 134

PONTE
CORRER

135 136

137 138

139 140

145 146

143 144

141 142

UNE DI VENEZIA
LIO DI QUARTIER
DURO -
S. CROC
10 FOCACC
20 PANFRUTTO
6 PANDORO

147 148

10

149 150

151 152

153 154

98

Niemand, der Venedig kennenlernen will, kann auf eine Gondelfahrt verzichten. Von diesem leisen und hocheleganten Gefährt aus kann man das wahre Gesicht Venedigs sehen, das dem Wasser zugekehrte wahre Gesicht seiner Häuser.

99-100-101-102-103-104

Die «Squeri» sind kleine Werften, wo Gondeln gebaut und ausgebessert werden. Die schönste liegt bei S. Trovaso, weitere kann man in S. Pietro in Castello finden. Die heutige Gondel geht auf das Jahr 1562 zurück, als ein Senatserlaß die schwarze Farbe vorschrieb, aber ihre Geschichte ist wesentlich älter. Sie soll bereits 697 in Heraklea benutzt worden sein, 1094 jedenfalls wird sie in einem Dokument erwähnt. Sie wird heute noch im großen und ganzen so gebaut wie früher: 11 m lang und 1,20 m breit. Die Gondelwerft, der Squero, mag ein armseliger und unansehnlicher Ort sein, die Erbauung einer Gondel aber verlangt Hingabe und Geduld. Das Gefährt ist sensibel wie ein Musikinstrument, es ist für die schnellstmögliche Fortbewegung bei mindestmöglichem Kraftaufwand gedacht und verlangt daher sorgfältige und genaue Arbeit auch im kleinsten Detail. Das hellebardenartige Bugeisen gleicht das Gewicht des Ruderers im Heck aus.

105

Rudern, die kunstvolle Handhabung des langen Ruders in der gedrechselten Gabel, dieses Spiel lernen die Kinder dieser Stadt schon früh. Im Hintergrund die Fassade der Scuola Vecchia della Misericordia aus dem 15. Jahrhundert und die Fassade der Abteikirche aus dem 17. Jahrhundert.

106

Die Gondel spielt eine wichtige Rolle bei festlichen Anlässen, z.B. hier bei einer Hochzeit.

107

Beim Rio dei Mendicanti neben dem Ospedale Maggiore wartet ein Nelkenkreuz auf eine Beerdigung, auf die Überfahrt zur Insel S. Michele.

108

Ein Blumenkranz unter Verrocchios Statue des Colleoni auf dem Campo dei SS. Giovanni e Paolo.

109-110

Ein schwarzes Boot für das Begräbnis. Auch der letzte Gang der Venezianer geht über das Wasser.

111-112

Der Campo di S. Maria Formosa. Er ist einer der lebhaftesten «Campi» Venedigs, hier öffnet sich das dichte Häusergewirr zu wohltuendem Raum. Die Campi haben meist eine unregelmäßige Gestalt und wimmeln von geschäftigem Leben. Die Kirche von S. Maria Formosa ist ein Prachtbau von Mauro Coducci aus dem Jahre 1492. Sie enthält interessante Gemälde, darunter eine hl. Barbara von Palma d.Ä.

113-114

Alte Brücken und altes Gemäuer in der Gegend des Ospedaletto. Dieses Bild Venedigs wiederholt sich immer wieder. Seine Ecken, auch die unscheinbarsten und verborgensten, strahlen den Zauber dieser Mischung von Leben und Geschichte, von Armseligkeit und Adel aus. Das Alter seiner Mauern ist aber nicht nur malerisch, sondern auch bedenklich: viele Häuser, viele Paläste, viele Winkel drohen zusammenzubrechen und für immer zu versinken. Die ganze Welt bemüht sich um die Rettung Venedigs.

115-116-117-118

Wer zählt die Formen, die Gestalten, die Anlagen der Brücken Venedigs? Wohin führen sie? Welche geheimnisvollen Gassen kreuzen sich auf ihnen? Es gibt etwa 400 Brücken in Venedig.

119-120

Manche Uferwege und manche Gassen sind so eng, daß man nur schwer an jemandem vorbeikommt.

121-122-123

Das Arsenal. Es bildet am Stadtrand gegen Castello hin eine Art Festung. Heute liegt es fast verödet da, früher aber war es die Werft der mächtigsten Flotte des Mittelmeeres; schon Dante kannte es und widmete ihm im XX. Gesang der Hölle drei berühmte Terzinen. Zur Zeit der höchsten Blüte arbeiteten hier an die 16.000 Mann. Der Eingang wird von einigen Löwen bewacht, jener im Vordergrund erinnert an die Eroberung der Insel Korfu im Jahre 1716. Er stammt eigentlich von der Insel Delos, wo er zusammen mit anderen Statuen zur Dekoration einer Terrasse gehörte. Der Kopf wurde ersetzt.

124-125-126

Die Juden fanden in Venedig fast immer tolerante Aufnahme. Sie wohnten früher auf der Insel Giudecca und später, ab 1516, im «Gheto». Das Wort leitet sich von «gettare» (= gießen) her, da sich dort eine Waffengießerei befand. Nach dem «Getto» von Venedig wurden schließlich die Judenviertel in ganz Europa benannt. Die Judengemeinde breitete sich vom «Gheto Novo» bald auch über das «Gheto

Vecchio» aus und schließlich auch über das «Gheto Novissimo». Im 17. Jahrhundert erreichte das Judenviertel eine Kopfzahl von gut 5.000 Einwohnern. Es war eine wohlhabende Gemeinde, wie die zahlreichen Synagogen beweisen, von denen einige sich bis heute erhalten haben. Zum Teil wurden sie von berühmten Baumeistern entworfen, so eine von Baldassare Longhena.

127

Auf einer Brücke. Diese unbekannte alte Dame zeigt in ihren Gesichtszügen und in ihrer Haltung eine Würde, die man in Venedig nicht selten antreffen kann. Es gibt hier noch Nachkommen der alten Patrizierfamilien, so etwa der Foscari, der Tiepolo oder der Mocenigo, um nur einige der vornehmsten und berühmtesten zu nennen. Aber neben diesen Erben des alten Adels bemerkt man hier eine edle Anmut, die auch die geringsten Bevölkerungsschichten auszeichnet, so wie umgekehrt hier auch der Adel stets die schlaue und schlichte Frische des Volkes zu schätzen gewußt hat.

128

Das Geburtshaus Goldonis, der frühere Palazzo Centani. Hier wurde 1707 Carlo Goldoni geboren, der große Komödiendichter Venedigs und Italiens. Heute hat in diesem Palast ein Institut für Theaterwissenschaften seinen Sitz.

129-130

Auf dem Campo dei Mori, wo das Haus Tintorettos steht, entdeckt man diese seltsamen Skulpturen aus dem 13. Jahrhundert. Die Überlieferung sieht in ihnen drei arabische Kaufleute, die Brüder Rioba, Sandi und Alfani, die sich hier um 1112 niederließen und den Namen Mestelli annahmen. Die Eckfigur soll den Sior Antonio Rioba darstellen, der lange Zeit die Rolle eines venezianischen «Pasquino» (Eulenspiegel) spielte.

131

Die Kirche und das Kloster der Frari. Diese Franziskanerkirche ist ein Meisterwerk der venezianischen Gotik, sie wurde im 15. Jahrhundert entworfen und im folgenden Jahrhundert vollendet. Sie birgt eine Reihe von Kostbarkeiten, so vor allem Tizians Mariä Himmelfahrt und in der Sakristei eine Madonna von Giovanni Bellini. In der Kirche befinden sich auch die Grabmäler Tizians und Canovas. Im Kloster ist heute das Staatsarchiv untergebracht, eine der wertvollsten und umfangreichsten Dokumentensammlungen Europas. Hinter dem Kloster der weißleuchtende Bau der Scuola di S. Rocco, in der sich ein großartiger Bilderzyklus von Tintoretto befindet.

132
Tobiolus und der Engel von Francesco Penso, bekannt unter dem Namen Cabianca, im Kreuzgang der Frarikirche. Die Gruppe stammt aus dem frühen 18. Jahrhundert. Cabianca ist auch der Schöpfer des Reliquienschreines in der Sakristei der Kirche.

133
Der Eingang der ehemaligen Scuola di S. Marco, einer der sogenannten «Scuole Grandi», heute Sitz des Allgemeinen Krankenhauses. Die «Scuole Grandi» Venedigs waren die Versammlungsräume von Bruderschaften, deren Mitglieder dem reichen Bürgertum angehörten. Die prunkvolle Ausstattung dieser Scuole wirkt oft wie eine kulturelle Herausforderung des Bürgertums an die politische Übermacht des Adels, tatsächlich sind sie Träger wertvollster Kunstschätze. Die Fassade der Scuola von S. Marco z.B. wurde von Pietro und Tullio Lombardo sowie von Mauro Coducci gestaltet (Ende des 15. Jahrhunderts).

134
Im Inneren der Kirche von SS. Giovanni e Paolo. Diese gotische Kirche, im 14. und 15. Jahrhundert von den Dominikanern erbaut, gehört zusammen mit der Kirche der Frari zu den kostbarsten Bauten der Stadt. Sie beherbergt zahlreiche Dogengräber und mehrere Meisterwerke von G. Bellini, Lotto, Veronese, Piazzetta, Pietro und Tullio Lombardo, Vittoria, usw.

135-136
Jede Gasse ähnelt zutiefst jeder anderen und ist ebenso verschieden, wie auch die Leute, die man dort trifft.

137
Der Campo Francesco Morosini bei S. Stefano im Winter.
Wenn die Kinder Venedigs ein wenig Platz brauchen, dann müssen sie auf die Campi gehen. Die heute geschlossenen Brunnen erinnern an die Zeit, als Venedig noch keine Wasserleitung hatte und jeder Platz, jeder Hof seinen Ziehbrunnen für die Trinkwasserversorgung hatte. Im Hintergrund die gotische Kirche S. Stefano.

138
Der Campo Francesco Morosini im Sommer. In der warmen Jahreszeit breiten sich die Tischchen der Kaffeehäuser über den Platz aus, und die Menschen verweilen hier gerne und genießen die heitere Muße des Platzes.

157 158

karneval, regatten und feste

147
Eine alte Ziegelmauer auf den Zattere, im Hintergrund die Kirche Il Redentore. Diese Kirche, deren Erbauung nach dem Pestjahr von 1576 beschlossen wurde, ist ein Prachtbau von Andrea Palladio.

148
Die große Mühle von Stucky am Ostrand der Giudecca. Dieses 1884 errichtete Gebäude ist heute verlassen und zeugt von einem rasch wieder aufgegebenen Versuch, dieses Viertel von Venedig zu industrialisieren. Der Bau bildet den vertrauten Abschluß des Stadtbildes auf dieser Seite.

149-150
Bei den Zattere, im Canale della Giudecca, ankern gewöhnlich die Passagierschiffe, Frachter steuern durch den Kanal den Hafen von Marghera an. Im Hintergrund die Kirche der Gesuati aus dem 18. Jahrhundert.

151
In einem der Kanäle der Giudecca, der Insel gegenüber den Zattere am Südrand von Venedig, bereiten Fischer ihre Netze vor.

152
Canale della Giudecca. Im Hintergrund die Kirche der Gesuati, erbaut von Giorgio Massari, mit einem Deckengemälde von Tiepolo und weiteren Werken von Tiepolo, Piazzetta, usw.

153-154
Erleuchtete Pfähle, sogenannte «Bricole», in der Lagune. Diese Wegweiser entlang der Fahrrinnen sind vor allem während der kalten Jahreszeit unersetzlich, wenn der Nebel jede Orientierung verhindert und die «Vaporetti» sich vorsichtig von einem Pfahl zum anderen weitertasten müssen.

155
Der lange Verlauf der Fondamente Nuove gegenüber der Insel S. Michele, dem Friedhof der Stadt, wird durch drei Brücken unterbrochen: durch die berühmte Brücke dei Mendicanti über den gleichnamigen Kanal, den Ponte Panada und den Ponte Donà. Hier sieht man ein Detail der letzterwähnten Brücke, rechts die Apsis der Kirche dei Gesuiti und links eine Ecke des Palazzo Donà delle Rose.

139-140

Sieht man in Venedig ein Fahrrad, so gehört es ohne Zweifel einem Kind. Venedig kennt keine Gefahren des Verkehrs, und die Kinder können unbeschwert wie die Katzen und die Tauben ihren kleinen Freundschaften, ihren Erlebnissen und Erfahrungen nachgehen.

141

Einer der vielen Löwen von Venedig. Dieser hier ist in den Eingang des Fondaco dei Tedeschi, des heutigen Postamtes, eingemeißelt. Das Symbol des Evangelisten Markus kann auf vielerlei Art und Weise dargestellt werden, und jede hat ihre eigene Bedeutung.

142

Venedig hat die alten Namen seiner Gassen und Brücken beibehalten, ebenso die alte Einteilung seines Stadtgebietes in «Sestieri». Die geheimnisvollen und malerischen Namen erinnern oft an irgendeinen Vorfall oder an ein altes Brauchtum.

143-144

Eine Gemüse- und eine Blumenfrau auf dem Markt von Rialto, Szenen wie aus der alten Genremalerei. Die Farbenpracht und die geschickte Anordnung von Obst, Gemüse und Blumen bieten in Venedig ein einmaliges Schauspiel. Die Inseln der Lagune mit ihren Schwemmböden sind für den Gartenanbau hervorragend geeignet, und die Ankunft der schwerbeladenen Frachtschiffe in Rialto ist nicht nur unter dem folkloristischen Aspekt ein interessantes Erlebnis.

145

In der Nähe der Kirche dell'Angelo Raffaele. Die Ruhe des Kanals, das Sonnenlicht auf der Brücke, die Behaglichkeit einer Katze lassen die tiefe Wohnlichkeit spüren, die man in Venedig so oft antreffen kann und die einem Venezianer den Abschied von der Stadt so schwer macht, von der geheimen Vertrautheit, mit der er ihr verbunden ist.

146

In der Nähe der Kirche dell'Angelo Raffaele. In dieser Pfarrei lebte Francesco Guardi, und er gilt auch als der Schöpfer der Szenen von Tobiolus und dem Engel im Chor der Kirche, eines Meisterwerkes des venezianischen Settecento, das einige Kritiker allerdings seinem Bruder Antonio zuschreiben. Das Mädchen, das die große Pappschachtel vor sich her trägt, ahnt wohl nicht, daß sie dem Menschenschlag zugehört, den der Maler so liebte und mit reicher Phantasie darzustellen pflegte und den er heute unverändert wiederfände.

159 160

161 162

163 164 165

166 167

VEN ZIA
PAX EVAN
TIBI GELIS
MAR TA
CE MEUS

BUCINTORO
BUCINTORO

1

156-157-158-159-160

Der Karneval von Venedig war hochberühmt. Er begann am 26. Dezember, am Stephanstag, aber auch in der Zeit vom 5. Oktober bis zum 16. Dezember durfte man nachmittags Masken tragen, nebenbei auch bei besonderen Festlichkeiten, soweit sie nicht in die Fastenzeit fielen. Immer hektischer wurde das närrische Treiben, bis schließlich am Faschingsdonnerstag, dem verrücktesten Tag, das Volk auf dem Markusplatz zusammenströmte. Auch der Doge, verschiedene Würdenträger und die Gesandten erschienen zum Fest. Ein Vorwand für ein Fest fand sich übrigens immer: man darf nicht vergessen, daß Venedig zur Zeit seines Niedergangs daraus eine politische Waffe schmiedete.
Als es seine Gegner mit seiner Seemacht nicht mehr einzuschüchtern vermochte, baute Venedig auf die Überzeugungskraft seiner schmeichelnden Gastfreundlichkeit. Und dieses Spiel währte lange.
Heute lebt der Karneval nur noch in der Erinnerung fort, aber man kann in der überschäumenden Ausgelassenheit der Kinder, für die weder Venedig noch der Karneval je untergegangen ist, durchaus noch einen Funken jener treffsicheren Fröhlichkeit finden, die hier über die Zeiten dauert. Daraus können im ernsten Rahmen dieser Stadt spannungsgeladene Bilder einer surrealen und beinahe tragischen Komik entstehen, abgesehen davon, daß Venedig selbst ja schon eine maskierte Stadt ist, eine Stadt der Schatten und Schattierungen, der Schönheit und des spiegelnden Scheins.

161-162

Die «Vogalonga», ein Anlaß, bei dem sich die Lagune mit einer Unzahl von Booten und Barken bevölkert. Sie entspricht dem in letzter Zeit in Italien sehr beliebt gewordenen Volksmarsch, der Wanderung für jedermann. Die Vogalonga wurde 1974 zum ersten Mal veranstaltet und erfreut sich seitdem wachsender Begeisterung. Die Bevölkerung Venedigs entdeckte nicht nur die Freude am Rudern wieder, sondern auch die verloren geglaubte Teilnahme am gemeinschaftlichen Leben.

163-164-165-166-167-168-169

Trachten für die «Regata delle Repubbliche marinare», die Regatta der Seerepubliken. Alle vier Jahre messen sich in Venedig die Mannschaften der Städte Venedig, Amalfi, Pisa und Genua in einer großen Regatta. Die Roben stammen aus der Theaterkiste, aber wenn die Bärte auch nur angeklebt sind, so finden sich darunter oft Gesichter, die dem Zuschauer von alten Gemälden her bereits vertraut sind.

170-171

Farben und Barken sind historisch. Für die Regatta werden die «Bissone» aufgemöbelt, für ihren glanzvollen Auftritt bei diesem festlichen Anlaß.

172-173

Die Mannschaften treten an: die Regatta wird am ersten Sonntag im September veranstaltet und von der Bevölkerung begeistert gefeiert. Zum prächtigen Anblick des bunten Gewimmels auf dem Canal Grande, das an Gemälde von Guardi oder von Canaletto erinnert, gesellt sich auch noch die Spannung, die Aufregung des Wettrennens. Der Brauch ist uralt. Die Boote starteten bei S. Antonio in Castello, durchmaßen den ganzen Canal Grande, umrundeten am äußersten Ende den «Paleto», einen Pfeiler, und ruderten zurück bis zur «Macchina», einem eigens errichteten Pavillon zwischen den Palästen Foscari und Balbi an der Beigung des Kanals. Die ersten vier jedes Durchgangs wurden mit bunten Fähnchen ausgezeichnet, und zwar in den Farben rot, grün, blau und gelb.

174-175

Feuerwerk in der Nacht des Redentore, in der Nacht vom Samstag zum ersten Sonntag im Juli. In dieser Nacht schläft kein Venezianer, die Boote bleiben in der warmen Sommernacht auf dem Wasser und warten auf die kühle Morgenfrische.

176-177

Blick auf die Logen des Teatro La Fenice, des schönsten Theaters von Venedig, das deren einst viele zählte. La Fenice wurde 1790 von G. Antonio Selva erbaut, 1836 nach einem Brand von den Brüdern Meduna wieder hergestellt und ist heute in seiner feinsinnigen Eleganz zu Recht eines der berühmtesten Theaterhäuser der Welt.

178-179-180-181-182

Im Jahre 1975 veranstaltete Venedig ein unvergeßliches Schauspiel, das Ballettfestival 75, das jene glanzvolle Choreographie wiederaufzunehmen schien, die früher Venedig bei all seinen Festlichkeiten entfaltet hatte. Vielleicht weist dieses Ereignis den Venezianern einen Weg jenseits all der volkstümelnden Versuche der letzten Zeit. Einige der berühmtesten Ballettensembles der Welt traten hier auf, so jenes von Martha Graham, das Ballett des XX. Jahrhunderts, von Béjart, das Rambert Ballet, das Ballett der Scala von Mailand, das Hamburger Staatsballett, usw.

lagunen, kanäle und inseln

184 185 186

187 188

189 190 191

192 193 194

195 196

197 198

199 200

183

Fischer und Netze auf der Lagune.

Die Lagune ist nicht nur die natürliche Umgebung Venedigs, aus der die Stadt erwuchs und die deren Schicksal bestimmte, sondern sie ist auch deren Rahmen und Lebensgrundlage. Ohne Gezeitenwechsel könnte die Stadt physisch nicht überleben, und ohne die Gaben ihrer Lagune müßte sie verkümmern. Die Inseln, die Untiefen, das Wandelland im Wechsel von Ebbe und Flut, das am schwimmenden Horizont auftaucht, all das dient Venedig nicht nur als Kulisse, sondern trägt auch eine Vielfalt von uraltem und doch lebendigem Leben, das Venedig erhält und bewahrt. Die Touristen allein vermögen die Stadt nicht lebensfähig zu erhalten, dazu braucht es die schweren Netze und die lebendige Frische der Fischer und der Gemüsebauern und jenen Hauch von sonnenwarmer, unendlicher blauer Einsamkeit um die kunstgesättigte Stadt.

184

Torcello von der Lagune von Altino aus gesehen.

Es gibt noch vollkommen unberührte Gegenden in der Lagune. Wo sich heute die Felder von Altino hinziehen, stand früher eine blühende römische Stadt. Flüchtlinge aus dieser Stadt gründeten Torcello, eine neue Heimat, die geschützt und sicher in der Lagune lag, wie später Venedig. Der Weg nach Torcello gleicht einer Reise in die Vergangenheit, bis zurück zur beginnenden Besiedlung der Inseln, zurück zum Anfang der Geschichte Venedigs.

185

Die Kirche von S. Fosca auf Torcello vom sagenumsponnenen Sessel Attilas aus gesehen. Dieser steinerne Sessel, dessen Rücklehne im Vordergrund zu sehen ist, diente wahrscheinlich den Tribunen der Insel bei der Rechtsprechung. Die grobe und ungeschlachte Bearbeitung beschwört ein Bild uralter Einfachheit herauf, eine halbversunkene Kultur auf den Inseln am Rande der Lagune. Die Kirche Santa Fosca aus dem 12. Jahrhundert erinnert mit ihrem eleganten und ausgereiften byzantinischen Stil an die Glanzzeit Torcellos, das dann von der Malaria entvölkert wurde und verfiel.

186

Innenansicht der Kirche S. Maria Assunta, des Domes der Insel.

Diese Kirche wurde einer Inschrift zufolge im Jahre 639 auf Anordnung des Exarchen Isaac von Ravenna gegründet und ist somit die älteste Kirche der Lagune. Als es Venedig noch gar nicht gab, blühte und gedieh Torcello, hierher strömten die Flüchtlinge aus Venetien. Politisch und verwaltungsrechtlich gehörte die Insel zu Ravenna, dem Sitz des byzantinischen Statthalters, des Exarchen. Die Mosaiken erinnern an die ältesten Mosaiken in der Markuskirche. Das kulturelle Erbe der Antike hinterließ hier in Torcello Spuren seines Zwischenaufenthaltes auf dem Weg nach Venedig, an das es weitergereicht wurde. Neben den Mosaiken funkelt der Marmor, jener Marmor, dessen leuchtendes Licht dereinst die Farben von Venedig entzünden wird.

187

Die Insel von S. Spirito mit ihren heute verlassenen Militärgebäuden. Hier stand einst eine von Sansovino erbaute Kirche mit Gemälden von Tizian und Salviati. Sie werden heute in der Sakristei der Salute aufbewahrt.

188

Die Insel von S. Lazzaro degli Armeni. Es ist die einzige Insel, die ihr Kloster über die Zeit Napoleons herüberretten konnte und keine Plünderung erlitt. Auf der Insel befand sich früher ein Asyl für Leprakranke, seit 1717 richtete sich hier eine armenische Bruderschaft ein. Einige Andenken erinnern an Lord Byron, der einmal hier zu Gast war. Die Kirche und die Klosterräume bergen einige wertvolle Kunstschätze, unter anderem Werke von Sebastiano Ricci, Tiepolo, Diziani, Canaletto u.a.

189

Murano. Einst gab es auf dieser Insel berühmte Villen und Gärten, sie waren der Lieblingsaufenthalt von Pietro Bembo und der Königin Caterina Cornaro. Heute ist die Insel vom grauen und düsteren Antlitz seiner Glasbläsereien geprägt, aber die kunstvoll gearbeitete Apsis des Domes SS. Maria e Donato aus dem 12. Jahrhundert gibt ihr einen Hauch des alten Glanzes zurück.

190-191

Seit Jahrhunderten prägen die Glasbläsereien das Leben der Insel. Hier blüht noch ein Zweig jenes Handwerks, das den Ruhm und den Reichtum Venedigs weltweit verbreitete. Die Glasbläserkunst verkörpert vielleicht am überzeugendsten die Farbenpracht Venedigs, seine erlesene Tradition, seine Eleganz und jene kostbare Schwerelosigkeit, die es von Ravenna erbte, vom Orient.

192-193

Mädchen von Burano. Ist Murano für seine Glasbläserei berühmt, so ist Burano es nicht minder wegen seiner Spitzen. Die Klöppelei ist ein weiteres Handwerk, das eng dem geheimsten und fruchtbarsten Wesen der venezianischen Tradition verbunden ist, der phantasievollen und reichen Schwerelosigkeit.

194
Burano, die Insel der Fischer und Spitzenklöpplerinnen, und, seit Beginn dieses Jahrhunderts, auch Sitz einer Malerschule, die hier jene Freiheit der schöpferischen Kraft wiederentdecken will, die anderswo unerreichbar scheint. Hierher kamen Gino Rossi nach seiner Reise in die Bretagne auf den Spuren Gauguins, Umberto Moggioli, Pio Semeghini, Luigi Scopinich, Vellani Marchi, u.a.
Noch heute vermag Burano mit seiner malerischen und lebhaften Baulichkeit zu entzücken und zu bezaubern.

195
Eine «Peocera», eine Zuchtanlage, in der die «Peoci», eine Muschelart, gezogen werden.

196
Fischzuchtbecken in der Nähe des Festlandes. Die blühende Fischzucht läßt heute eine Trockenlegung dieses Landstrichs, die früher als notwendige Maßnahme einer Sozialreform angesehen wurde, nicht mehr ratsam erscheinen, zumal das nahe Ackerland von den Bauern zunehmend aufgegeben wird.

197-198
Pellestrina auf dem Strand gegen Chioggia hin. Hier trennt nur eine schmale Landzunge das Meer von der Lagune, und es braucht gewaltige Schutzbauten, die «Murazzi», von der Republik im letzten Jahrhundert ihrer Geschichte erbaut, um die Lagune vor den verheerenden Sturmfluten des offenen Meeres zu schützen.

199-200-201
Chioggia, das römische Fossa Clodia, das schon Plinius erwähnt, liegt am Südrand der Lagune und genoß auch unter der Herrschaft Venedigs immer besondere Vorrechte. Die Stadt stand stets treu zu Venedig, sie wurde im berühmten Chioggia-krieg gegen Genua von den Genuesen geplündert und vollständig zerstört. Sie ist ein bedeutender Fischereihafen, und die Fischerei prägt sowohl das Antlitz der Stadt als auch ihre Einwohner. Sie wurzelt aber auch in jener uralten Geschichte, in jener uralten lagunaren Lebensweise und entwickelte in Brauchtum und Sprache einige besondere und unverwechselbare Eigenheiten.

Bilderläuterungen unter Mitarbeit von Camillo Semenzato

traumhaftes venedig

Die eigene Stadt zum dritten Mal in ungefähr zwei Jahrzehnten wiederentdecken, in einer Bilderschrift wiederentdecken, ist ein schwieriges, ja ein unmögliches Unterfangen. Es macht mutlos. «Venise à fleur d'eau» stammt aus dem Jahre 1954, «Venedig, Museum in der Lagune» aus dem Jahre 1973. Beide Versuche waren der Schwarz-Weiß-Fotografie verschrieben; die vorliegende Arbeit hingegen war ein zweijähriges Abenteuer der Farbe: ein langes und mühevolles Suchen wie in Brasilien. Nur vermag in Südamerika alles zu bezaubern und zu verführen – krank nach Exotik, wie wir sind –, während die Alltäglichkeit Venedigs Tag für Tag erlebt und beobachtet werden mußte, stets unter der Gefahr, etwas zu über- «sehen» oder schlampig zu «sehen», was noch schlimmer wäre. Eines allerdings war mir von Anfang an klar: ich mußte die Schwarz-Weiß-Bilder vergessen und mich auf die Farbe konzentrieren, ich mußte förmlich in Kodachrome «denken» und «sehen». Sieht man das Schwarz-Weiß-Bild als Linie an, so entspricht die Farbe der Linie plus Volumen. Vor gefährlichen Ausrutschern konnte mich die langjährig geübte und erprobte Schwarz-Weiß-Technik bewahren, da die rein ästhetische Ebene keine Unvereinbarkeit der beiden Mittel zur Erforschung der Gegebenheit kennt. Aber das hilft wenig weiter, wenn die Arbeit nicht mit völliger Hingabe und jener wichtigsten Eigenschaft unternommen wird, über die ein Fotograf verfügen muß: er muß ein Augenmensch sein, ein Mensch, der «sieht», wo die anderen nur «schauen», und der zum Sehen zwingt. Die ungewöhnliche Suggestion der Fotografie wurzelt eben in jenem Zwang zum Sehen, d.h. im Zwang zur Erkenntnis durch Bilder.

Persönlich fühle ich mich stets in einem Wettkampf: jede Reportage, jedes Buch ist eine Prüfung. Ich fotografiere immer irgendetwas, ob ich nun spreche, reise oder schweige. Ich muß stets eine Reportage oder ein Buch entwerfen. Die Fotografie ist nicht nur ein Beruf, sie ist eine Lebensweise.

Das Format des Buches beruht nicht auf Zufall oder Laune. Es entspricht der arithmetischen Entwicklung des Formats 24 x 36. Wenn man nebenbei bedenkt, daß man Venedig fast immer horizontal betrachtet, die Doppelseiten jedoch einen optischen Bruch verursachen, so konnte die Wahl nur auf dieses Format fallen. Technische Anmerkungen, auch für ausgefallene Aufnahmen, erübrigen sich, da ich niemals auf einen Kunstkniff oder auf ein wie immer geartetes Filter zurückgegriffen habe. Fleißigen Gebrauch und Mißbrauch habe ich von einer Leica R3 gemacht, deren neues Summicron 50 Außerordentliches leistet. Häufig benutzte ich ein Summilux 35 auf einer Leica M 4-2 und ein Summicron 90. Lediglich für die erste und die letzte Aufnahme des Buches verwendete ich ein Telyt 500.

Fulvio Roiter

Weitere Werke von Fulvio Roiter

Venise à fleur d'eau - La Guilde du Livre, Lausanne 1954
Ombrie terre de Saint François - La Guilde du Livre, Lausanne 1955
Andalousie - La Guilde du Livre, Lausanne 1957
Bruges - Editions Arcade, Brüssel 1960
Persia - Silva Verlag, Zürich 1961
Naquane - La Guilde du Livre, Lausanne 1966
Liban - La Guilde du Livre, Lausanne 1967
Mexico - Atlantis Verlag, Zürich 1968
Brasil - Atlantis Verlag, Zürich 1971
Turquie - Atlantis Verlag, Zürich 1971
Algarve - La Guilde du Livre, Lausanne 1971
Espagne - Atlantis Verlag, Zürich 1973
Tunisie - Atlantis Verlag, Zürich 1973
Venedig, Museum in der Lagune - Atlantis Verlag, Zürich 1973
Irlande - Silva Verlag, Zürich 1974

Werke von Andrea Zanzotto

Dietro il paesaggio (Gedichte) - Mondadori, Mailand 1951
Elegia ed altri versi - La Meridiana, Mailand 1954
Vocativo (Gedichte) - Mondadori, Mailand 1957
IX Ecloghe - Mondadori, Mailand 1962
Sull'altopiano (Prosa) - Pozza, Vicenza 1964
La beltà (Gedichte) - Mondadori, Mailand 1968
Gli sguardi i fatti e senhal (Gedichte) - Druckerei Bernardi, Pieve di Soligo 1969
A che valse? (Gedichte 1938-1942) - All'insegna del pesce d'oro, Mailand 1970
Pasque (Gedichte) - Mondadori, Mailand 1973
«Filò» (Gedichte in venetischer Mundart) - Il Ruzante, Venedig 1976

Anthologien:
Poesie 1938-1972 - Mondadori, «Gli oscar», Mailand 1973, bearbeitet von S. Agosti
Selected Poetry of Andrea Zanzotto (Italienischer Text mit englischer Übersetzung, übersetzt und bearbeitet von R. Feldmann und B. Swann), Princeton University Press, Princeton (USA) 1976

Druck: Grafiche LEMA Maniago/Pordenone/Italien
Juli 1978

Graphische Gestaltung: Fulvio Roiter

Mitarbeiter:
Enrico Mazzoli, Edoardo Borean, Gilberto Brun

Aus dem Italienischen übersetzt von Ulrike Kindl
unter Mitarbeit von Gun Margret Forss